Transparente Fensterbilder

Transparente Fensterbilder

von Jürgen Schultz

ENGLISCH VERLAG

Die Deutsche Bibliothek - CIP-Einheitsaufnahme
Transparente Fensterbilder/Jürgen Schultz. - Wiesbaden: Englisch, 1994
ISBN 3-8241-0576-4

ISBN 3-8241-0576-4
Titelfoto: Reinhard Berg
Fotos im Innenteil: Axel Weber

Printed in Austria

Die Ratschläge in diesem Buch sind von Autor und Verlag sorgfältig erwogen und geprüft, dennoch kann eine Garantie nicht übernommen werden. Eine Haftung des Autors bzw. des Verlages und seiner Beauftragten für Personen-, Sach- und Vermögensschäden ist ausgeschlossen. Eine gewerbliche Nutzung der Vorlagen und Abbildungen ist verboten und nur mit ausdrücklicher Genehmigung des Verlages gestattet.

Inhaltsverzeichnis

Viel Spaß!

Transparente Fensterbilder sind keine neue Erfindung, aber ihre Wirkung an einem vom Tageslicht erhellten Fenster begeisterte mich derart, daß ich diese Motive vorrangig für solche Fensterbilder entwarf. Als bunter, origineller Fensterschmuck eignen sich die Motive selbstverständlich auch für herkömmliche Fensterbilder.

Einen besonderen Reiz erwecken diese Motive, wenn sie inmitten eines Raumes die Blicke Ihrer Kinder, Freunde oder Verwandten auf sich ziehen.

Zugegeben, einige Motive verlangen Erfahrung und Übung bei der Bastelarbeit, aber wenn Sie meine vorherigen Bücher schon durchgebastelt haben, dürfte keines dieser Motive ein Problem für Sie sein.

Anfänger beim Basteln von Fensterbildern sollten sich auf keinen Fall von den wenigen schwierigeren Motiven abschrecken lassen, denn mit zunehmender Übung wächst auch die eigene Geschicklichkeit und es reicht völlig, wenn der Spaß am Basteln die Schere führt.

Ein handgearbeitetes Fensterbild ist immer ein wertvolles Einzelstück.

Ich wünsche Ihnen genausoviel Spaß und Freude an den Motiven, wie ich daran habe.

Jürgen Schultz

Was wird gebraucht?

Zum Herstellen der in diesem Buch dargestellten Motive verwendete ich folgende Werkzeuge und Materialien:

Werkzeuge
- Haushaltsschere
- Nagelschere
- Cuttermesser
- alte Zeitungen als Unterlage
- Stecknadel (zum Einstechen des Loches für die Schnur zum Aufhängen)
- Bleistifte
- Colli-Marker oder Edding-Stift in Schwarz
- Tintenkugelschreiber
- Tesa-Film

Hilfreich ist ein Kopiershop in der Nähe zum Vergrößern oder Verkleinern der Vorlagen.

Materialien
- verschiedenfarbiger Fotokarton
- verschiedenfarbiges Transparentpapier
- Flüssigklebstoff
- dünne Angelschnur zum Aufhängen der Motive
- D-Stifte (im gut sortierten Bastelbedarf erhältlich)

Wenn Sie mit Kindern arbeiten, achten Sie bitte unbedingt darauf, daß Ihr Klebstoff lösungsmittelfrei ist.

Wie wird's gemacht?

Mit Hilfe eines Fotokopierers können Sie alle Vorlagen auf eine von Ihnen gewählte Wunschgröße bringen.
Am einfachsten ist es, die verschiedenen Teile des Motivrahmens je einmal auszuschneiden, aneinanderzukleben und auf der Innenseite mit transparentem Papier zu bekleben.
Reizvoller, aber auch schwieriger ist es, die Motive von beiden Seiten mit dem Rahmen zu versehen.
So kann man die Motive auch inmitten eines Raumes aufhängen oder sogar für Mobiles verwenden.
Zum Ausschneiden des doppelt gefertigten Rahmens nehme ich ein etwa zweimal so großes Stück Fotokarton, falte es in der Mitte und fixiere es mit ein bis zwei Büroklammern, um ein Verrutschen beim Ausschneiden zu verhindern.
Die nicht mit transparentem Papier auszufüllenden Teile sind meist bemalt. Für diese Bemalung verwende ich entsprechend starke „Edding-Stifte“ oder Filzstifte. Für die dünnen Linien verwende ich einen Tintenkugelschreiber.
Beim Zusammenfügen der Teile achten Sie bitte auf die Klebereihenfolge, damit der lebendige Effekt erzielt wird.
Wenn Sie Ihr Motiv zweiseitig fertigen wollen, bekleben Sie es zunächst nur von einer Seite her. Anschließend bringen Sie das Transparentpapier von innen her an und kleben danach die Rahmenteile von der gegenüberliegenden Seite an.
Die Anleitungen in diesem Buch gehen immer von der beidseitigen Variante aus.
Ich wünsche Ihnen viel Spaß dabei.

Transparente Motive zu Wasser

Willi, der Wal

Für dieses einfache Motiv fertigen Sie nach der Schablone jedes Teil je einmal an.
Kleben Sie anschließend die Flossen an und danach den Rand der Zähne.

Füllen Sie nun den Rahmen des Motives mit transparentem Papier aus.
Kleben Sie abschließend das Auge auf und übertragen Sie die Bemalung von der Abbildung.

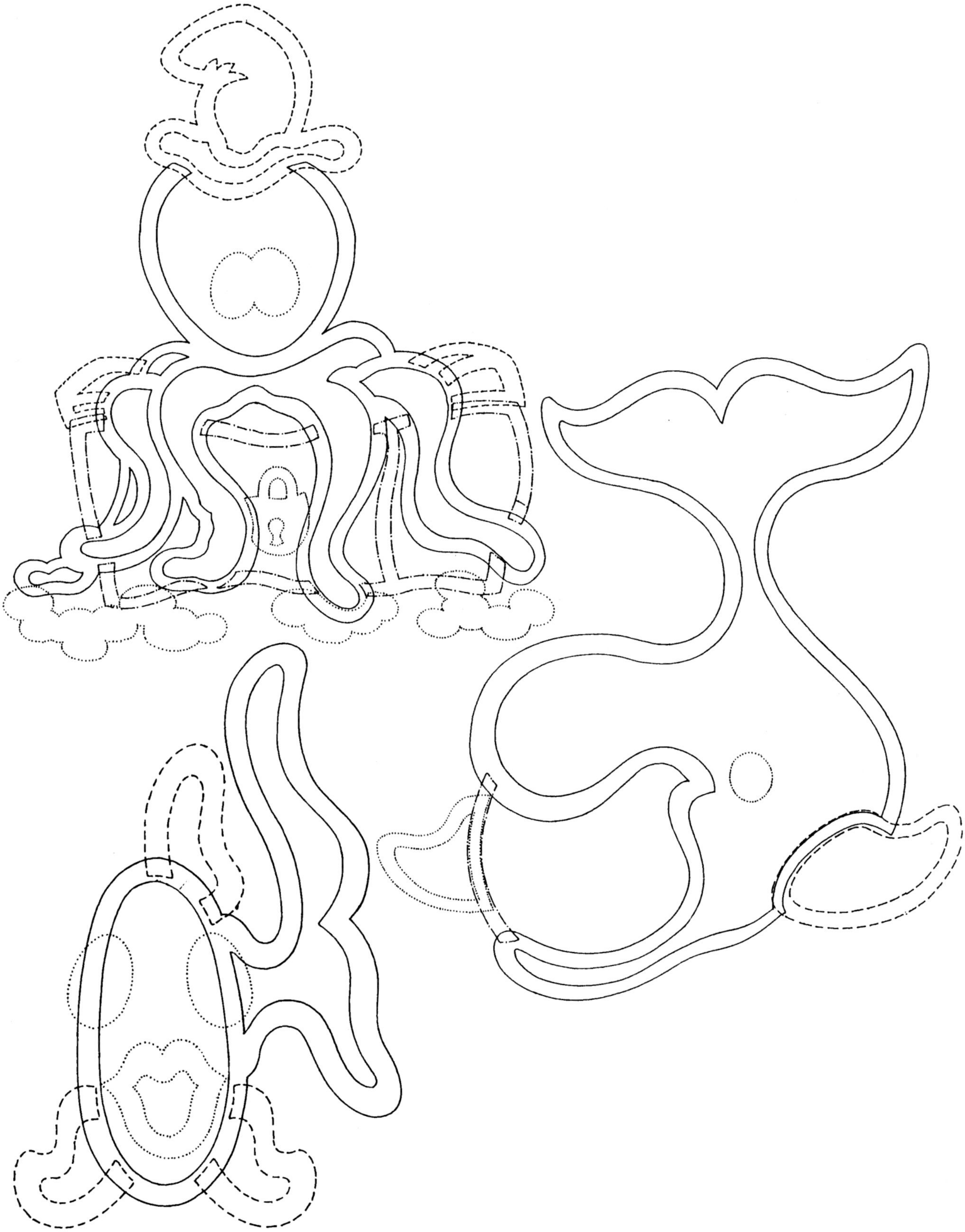

Goldi, der Fisch

Für dieses einfache Motiv schneiden Sie jedes Teil je einmal aus.
Kleben Sie zunächst die Augen und die Flossen an.
Von der hinteren Seite kleben Sie jetzt das transparente Papier auf.
Der metallische Effekt wurde mit „D-Stiften" auf dem Motiv erzeugt. Bei der Arbeit mit „D-Stiften" ist eine ruhige Hand unbedingt erforderlich.

Die übrigen Striche in der Bemalung wurden herkömmlich mit dem Tintenkuli bzw. mit dem „Edding-Stift" aufgetragen.

Karl, der Krake

Fertigen Sie zunächst alle Teile gemäß der Vorlage je einmal an. Anschließend wird der Zylinder am Kopf befestigt und danach werden die Teile für den Truhendeckel am Körper angeklebt.
Zwischen die vorderen Arme wird nun das Schloß der Truhe eingeklebt.
Mit dem Anbringen der Teile für die Truhe und dem anschließenden Ankleben der Kieselsteine fahren Sie fort. Jetzt kleben Sie von der Rückseite des Motives das transparente Papier ein. Zum Schluß werden die Augen angebracht.

Der metallische Effekt wurde wieder mit „D-Stiften" aufgetragen und der Rest der Bemalung mit einem herkömmlichen Tintenkuli aufgemalt.

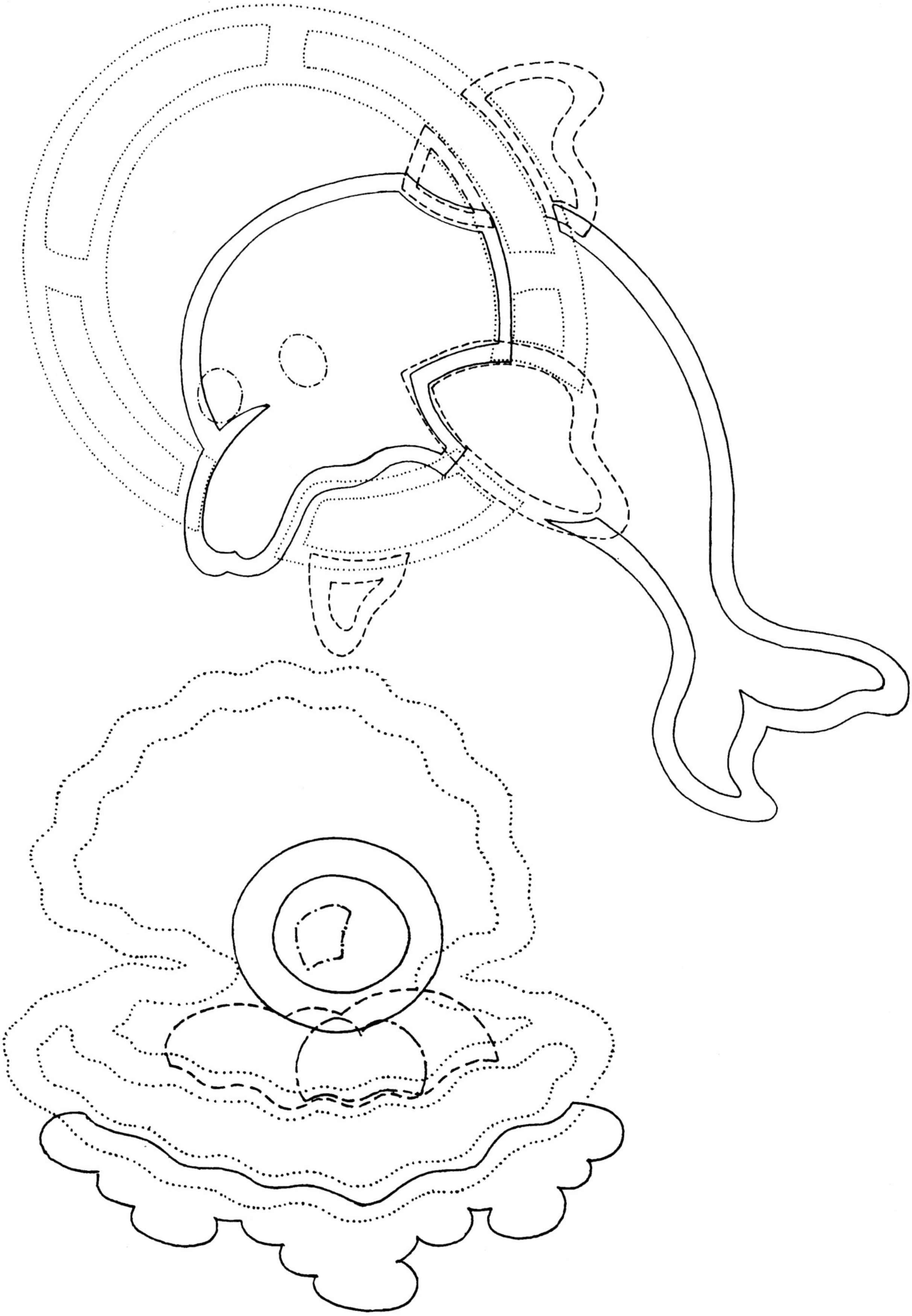

Flipper, der Delphin

Für Flipper schneiden Sie zunächst alle Teile je einmal aus.
Kleben Sie den oberen Teil des Delphins in den großen Teil des Ringes ein und setzen Sie die vordere Flosse an.
Anschließend wird der untere Teil des Delphins angeklebt.
Verbinden Sie jetzt die Flosse mit dem oberen Teil des Delphins, indem Sie den kleinen Teil des Ringes dazwischenkleben.
Jetzt werden alle übrigen Teile der Flossen und die Augen befestigt.
Kleben Sie abschließend das transparente Papier von der Rückseite des Motivs her ein und übertragen Sie die Bemalung von der Abbildung.
Um leuchtende Akzente zu setzen, habe ich auch bei diesem Motiv einen „D-Stift" eingesetzt.

Arabel, die Perlenauster

Für dieses einfache Motiv schneiden Sie jedes Teil je einmal aus.
Kleben Sie zunächst die Perle hinter das Muschelfleisch und setzen Sie danach die Augen an.
Das so vorbereitete Teil kleben Sie in die Auster ein und bringen am unteren Rand die Kieselsteine an.
Von der hinteren Seite kleben Sie nun das transparente Papier auf. Der metallische Effekt wurde mit „D-Stiften" erzeugt, die übrigen Striche der Bemalung sind mit herkömmlichem Tintenkuli aufgetragen.

Knut, der Kapitän

Fertigen Sie sich für dieses „Nordlicht" zunächst alle Teile für den Rahmen an.
Anschließend kleben Sie transparentes Papier in die Hände, in das Ohr, in die Pfeife, in die Schulterklappen, in die Nase, in das Ruderrad und in Teile der Mütze ein.
Nun beginnen Sie die Rahmenteile zusammenzukleben.
Als erstes wird die Pfeife von vorn auf den Bart geklebt und darüber der Schnurrbart befestigt.
Kleben Sie nun an die Nase die Augen und daran die Augenbrauen fest.
An die Augenbrauen bringen Sie jetzt den Schirm der Mütze und die Mütze an, danach kleben Sie den oberen Teil des Kopfes mit dem Bart zusammen.
Um Ihrer Arbeit bis hierher mehr Stabilität zu verleihen, kleben Sie von der Rückseite transparentes Papier ein.
Am Ruderrad werden jetzt die Hände angebracht.
Am Bart kleben Sie danach die Teile des Kragens an und befestigen daran die Schulterklappen.
Jetzt werden mit den äußeren Teilen der Arme die Schulterklappen und die Hände verbunden, anschließend kleben Sie die inneren Teile der Arme ein.
Danach verbinden Sie mit dem Jackenausschnitt das Ruderrad, den Kragen und die Pfeife. Das Ohr kleben Sie am Bart an.
Zum Schluß füllen Sie die letzten freien Stellen mit transparentem Papier aus und übertragen die Bemalung von der Abbildung.

Der Leuchtturm

Schneiden Sie zunächst wieder alle Teile des Rahmens aus, danach beginnen Sie mit dem Zusammenkleben dieser Teile. Am Wasser wird die Insel angebracht und darauf der untere Turmteil geklebt. Anschließend werden das Dach, der Turm, der Laufgang, das Leuchtfeuer und das Turmdach angeklebt. Von der Rückseite des Motives werden nun die Teile der Wolken angebracht. Abschließend brauchen Sie nur noch das transparente Papier einzukleben und der Leuchtturm ist fertig.

In der Luft

Gertrud, die fliegende Gans

Für dieses einfache Motiv werden der Kopf und der Körper durch die Schleife miteinander verbunden.
Danach kleben Sie die Füße von der Rückseite her an.

Vor dem Einkleben des Transparentpapieres bemalen Sie den Schnabel mit einem Filzstift.

Das Auge wird zuletzt auf das Transparentpapier aufgemalt.

Paulchen und Fridolin im Ballon

Diese beiden Ballonfahrer sind ein wunderschönes Motiv für das Kinderzimmerfenster.
Schneiden Sie zunächst alle Teile je einmal, die Hände viermal aus.
In den Ballon können Sie jetzt schon das transparente Papier einkleben.
Kleben Sie nun den oberen Rand am Korb auf und danach die Sandsäcke am Korb an.
Von der Innenseite des Korbrandes kleben Sie die Oberkörper der Teddybären ein und setzen die Bärenköpfe darüber.
Anschließend werden die Augen, die Nasen, die Haare und die Hände aufgeklebt.
Nun verbinden Sie den Korb und den Ballon mit den Seilen und kleben das Halteseil quer über den Ballon.
Zum Schluß wird das transparente Papier eingeklebt und die Bemalung von der Abbildung übertragen.

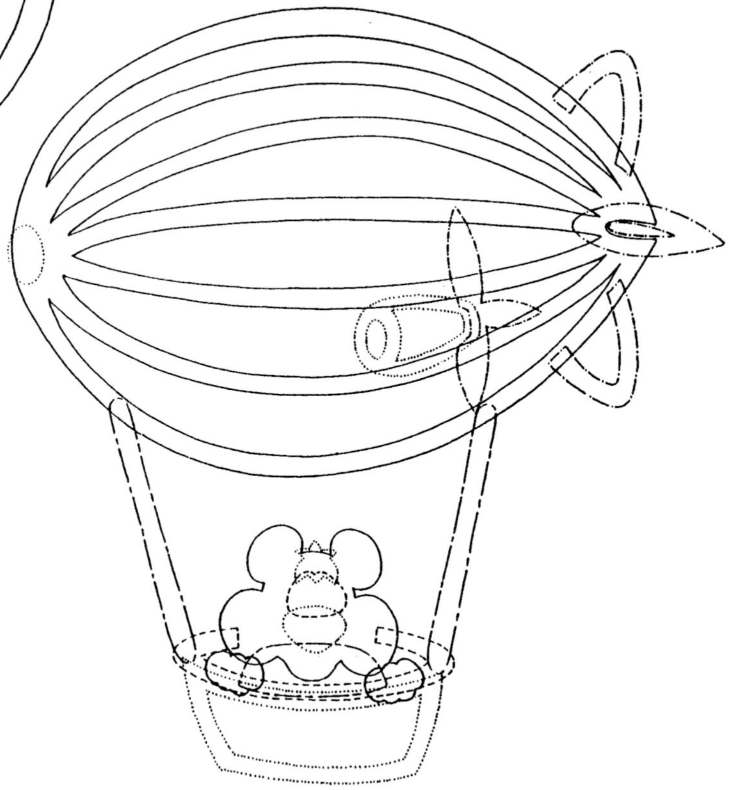

Nikki im Zeppelin

Zum Ausschneiden des Zeppelinballons empfehle ich Ihnen ein Cuttermesser zu verwenden. Beachten Sie dabei, daß Sie einen dicken Stapel von alten Zeitungen als Unterlage benutzen, damit Ihr Arbeitstisch nicht in Mitleidenschaft gezogen wird.
Fertigen Sie jedes Teil einzeln an und kleben Sie erst einmal den Zeppelinballon zusammen.
Dazu werden die Leitwerke und die Spitze aufgeklebt. Von der Innenseite des Motors bringen Sie den Propeller an und kleben den Motor auf den Zeppelinballon auf.
Als nächsten Arbeitsschritt fertigen Sie den Korb an. Kleben Sie die Teile in der Reihenfolge Korb, Korbrand, Hemd, Hände und Kopf des Teddybären zusammen.
Danach werden die Augen, die Nase und die Haare angebracht.
Verbinden Sie jetzt den Korb und den Zeppelinballon mit den Seilen.
Abschließend wird wieder das transparente Papier eingeklebt und die Bemalung von der Abbildung übertragen.

Der Luftballon

Der Luftballon ist ein ganz einfaches Motiv. Richtig wirkungsvoll ist er aber, wenn er mit mehreren andersfarbigen Kumpels zusammen an einer Stelle angebracht wird.
Eine bestimmte Reihenfolge beim Kleben braucht nicht eingehalten zu werden.
Wenn Sie dieses Motiv inmitten des Raumes zur Schau bringen möchten, schlage ich Ihnen vor, das Motiv beidseitig anzufertigen. Um jeweils zwei gleiche Teile herzustellen, nehmen Sie ein doppelt so großes Stück Fotokarton und falten es in der Mitte. Damit der Fotokarton Ihnen beim Ausschneiden nicht verrutscht, sollten Sie das Material an mehreren Stellen mit Büroklammern zusammenhalten.

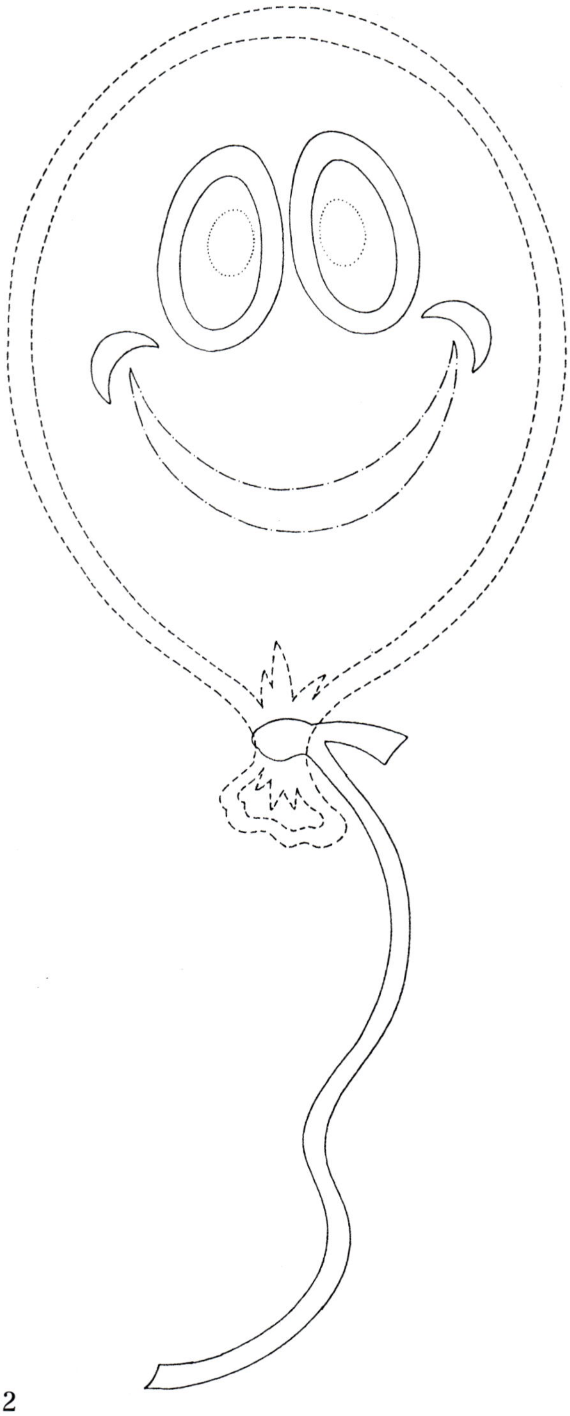

... und noch einmal Gertrud

Der Körper und der Kopf werden auch bei diesem Motiv wieder durch die Schleife miteinander verbunden.

Anschließend werden die Beine und danach das Gras angeklebt.
Bevor das transparente Papier in das Motiv eingeklebt wird, bemalen Sie den Schnabel wie zuvor mit einem gelben Filzstift.

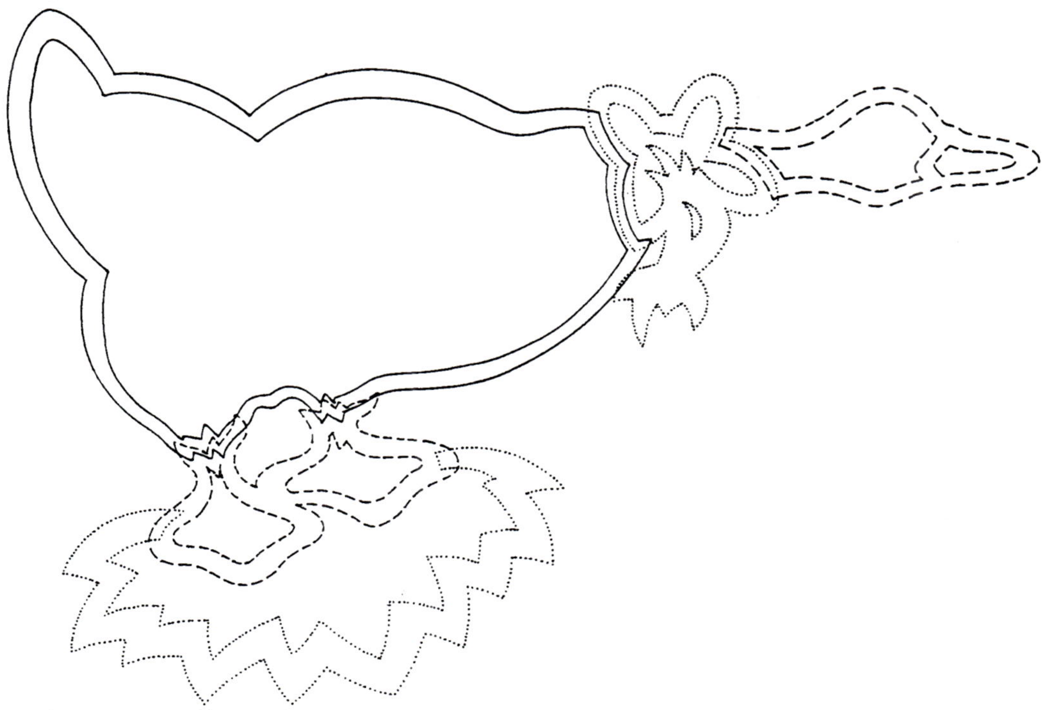

Fred, der Rabe

Für dieses einfache Motiv schneiden Sie sich zunächst wieder alle Teile des Rahmens je einmal aus. Kleben Sie anschließend den Schnabel von der Vorderseite am Kopf an.

Von der Rückseite her werden dann die Augen und der Fuß angebracht. Abschließend wird das Transparentpapier aufgeklebt und die Bemalung von der Abbildung übertragen.

Sputnik, die Marsmaus

Dieses Motiv ist einfacher herzustellen als es aussieht.
Schneiden Sie zunächst alle Teile je einmal aus. Kleben Sie nun die Beine des Raumschiffes am Rumpf an und bringen Sie den Rahmen der Glaskuppel am Rumpf der Untertasse an.
Die Untertasse wird jetzt vollständig mit transparentem Papier ausgefüllt.
An den Kopf der Maus werden danach die Steuerknüppel, die Hände, die Zähne und die Nase angeklebt.
Der so vorbereitete Kopf wird nur am äußeren Rand mit Klebstoff behaftet und anschließend in die Glaskuppel des Raumschiffes eingeklebt. Nachdem der Klebstoff getrocknet ist, wird das überflüssige Transparentpapier der Glaskuppel vorsichtig aus dem Kopf herausgeschnitten und der Kopf mit transparentem Papier ausgefüllt. Genauso verfahren Sie beim Aufkleben der Lampe.
Zum Schluß kleben Sie den Sauerstoffschlauch zwischen Rumpf und Glaskuppel und übertragen die Bemalung von der Abbildung.

Drachenzauber

Diese bunten Drachen sind ein schönes Herbst- oder Frühjahrsmotiv.
Zunächst fertigen Sie die beiden Drachen an. Schneiden Sie sich dazu jedes Teil je einmal aus. Kleben Sie im Anschluß daran die Körper der Drachen so zusammen, daß sie möglichst genau zusammenpassen.
Das transparente Papier wird anschließend eingeklebt. Die Nase, der Mund, die Augen, die Ohren und die Haare können auch schon aufgeklebt werden.
Verbinden Sie nun die Teile der Wolke mit den beiden Drachen und kleben Sie die Sonne daran. Danach wird das transparente Papier in die Wolke und in die Sonne eingeklebt. Die Sonne können Sie gleich danach mit den Augen und dem Mund bekleben.
Für die Drachenschwänze benötigen Sie ca. 16 verschiedenfarbige Schleifen.
Zum Schluß übertragen Sie die Bemalung von der Abbildung.

Auf dem Land, Flora und Fauna

Fröhliche Birnen im Korb

Dieses Motiv ist zwar etwas zeitaufwendig, Sie können es dafür aber auch nach Ihren eigenen Vorstellungen gestalten, indem Sie die Anzahl der Birnen, der Blattstiele und der dekorativen Teile variabel halten, sie je nach Bedarf erhöhen oder vermindern.
Zunächst fertigen Sie sich den Korb an. Dazu kleben Sie den Boden und die Eckteile an den Korbbrettern fest.
Nun schneiden Sie sich die gewünschte Menge an Birnen aus (große und kleine Birnen je nach Belieben).
Desweiteren fertigen Sie sich die gewünschte Menge an den anderen Kleinteilen wie Blattstiele, Sonnenbrillen, Sombreros und so weiter.
Anschließend beginnen Sie damit, die Birnen mit ihrem Zubehör vom Korb aus anzukleben.
Teile, die überstehen, werden nachher abgeschnitten.
Als letztes wird das Schild „Fröhliche Birnen" angebracht.
Wenn alle Teile gemäß Ihren Vorstellungen zusammengefügt sind, kleben Sie das transparente Papier ein und übertragen die Bemalungen.

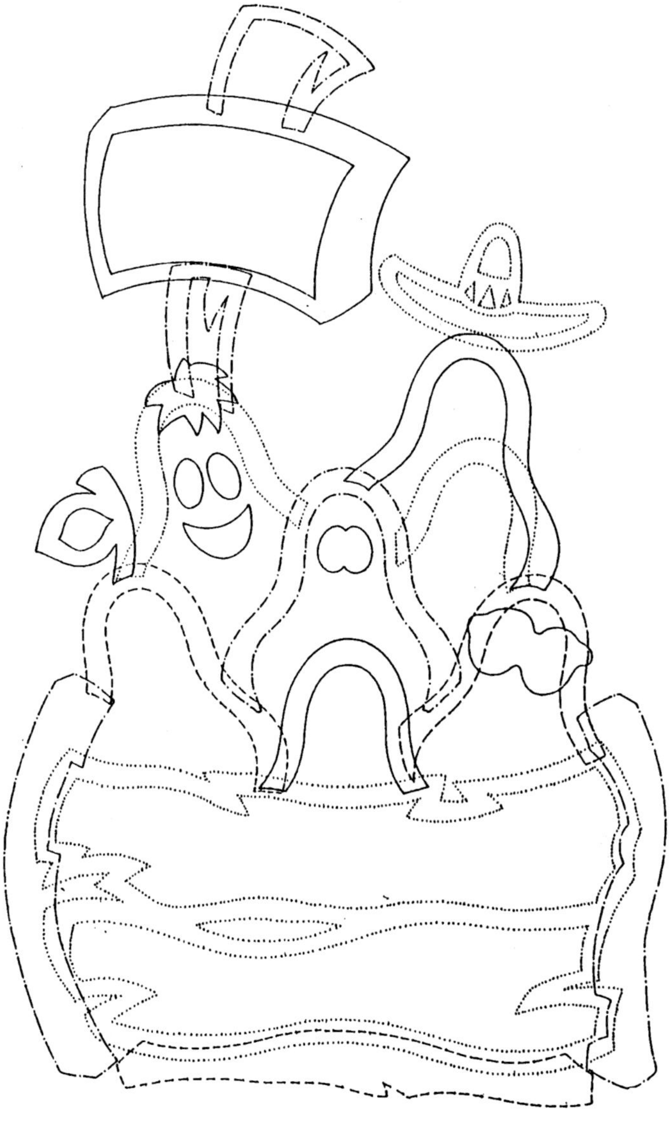

Fröhliche
Birnen

Lustige Äpfel am Ast

Dieses Motiv ermöglicht Ihnen eine ganz eigene Gestaltung und ist zudem sehr einfach herzustellen.
Die Abbildung ist also nur als ein Beispiel unter vielen anzusehen.
Fertigen Sie sich eine beliebige Anzahl von Ästen, Äpfeln und Blättern.
Kleben Sie die Teile so aneinander, daß sie möglichst immer an mindestens zwei Punkten miteinander verbunden werden.
Das erhöht die Stabilität des Motivs.
Anschließend kleben Sie von der Rückseite des Motivs das transparente Papier auf und setzen danach von der vorderen Seite die Augen und die Münder in die Äpfel ein.
Mit der Bemalung geben Sie abschließend dem Motiv einen lebendigen Ausdruck.

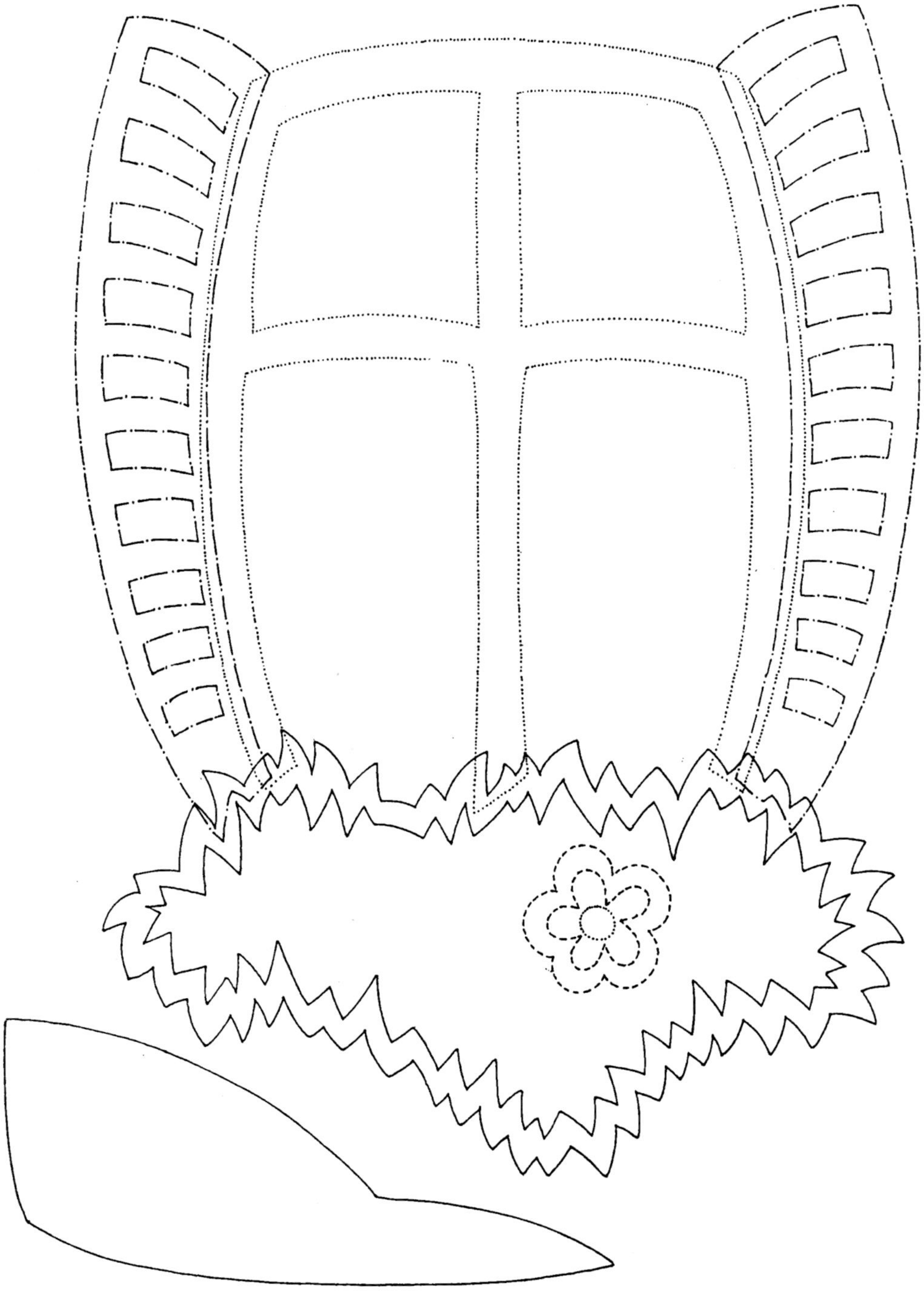

Blumenfenster Mille-Fleurs

Fertigen Sie sich zunächst wieder alle Teile für den Rahmen an. Blüten können Sie sich dazu so viele entwerfen, wie es Ihnen gefällt.
Kleben Sie zuerst die Fensterläden am Fensterrahmen an und darüber das Pflanzengrün. Danach plazieren Sie die Blüten so, daß beim Einkleben des Transparentpapieres kein anderer Rahmenteil in der Blüte zu sehen ist.

Die unten dargestellte Vorlage ist die Schablone für die Vorhänge.Fertigen Sie nach dieser Vorlage zwei Vorhänge aus transparentem Papier an und kleben Sie diese von der Rückseite her in Ihr Blumenfenster ein.Nun können Sie alle anderen Teile mit transparentem Papier füllen und zum Schluß die Gardinenkordeln aufmalen.

Flora, die Wiesenblume

Für dieses Motiv empfehle ich Ihnen die Arbeit mit einem Cuttermesser. Denken Sie an eine dicke Arbeitsunterlage aus alten Zeitungen oder ähnlichem Material.
Fertigen Sie zuerst jedes Teil je einmal an. Kleben Sie anschließend die Blüten auf die Stengel.
Von der Rückseite her kleben Sie nun das transparente Papier ein.
Anschließend werden die Blütenpollen in die Blüten eingeklebt und zum Schluß übertragen Sie die Bemalung von der Abbildung.

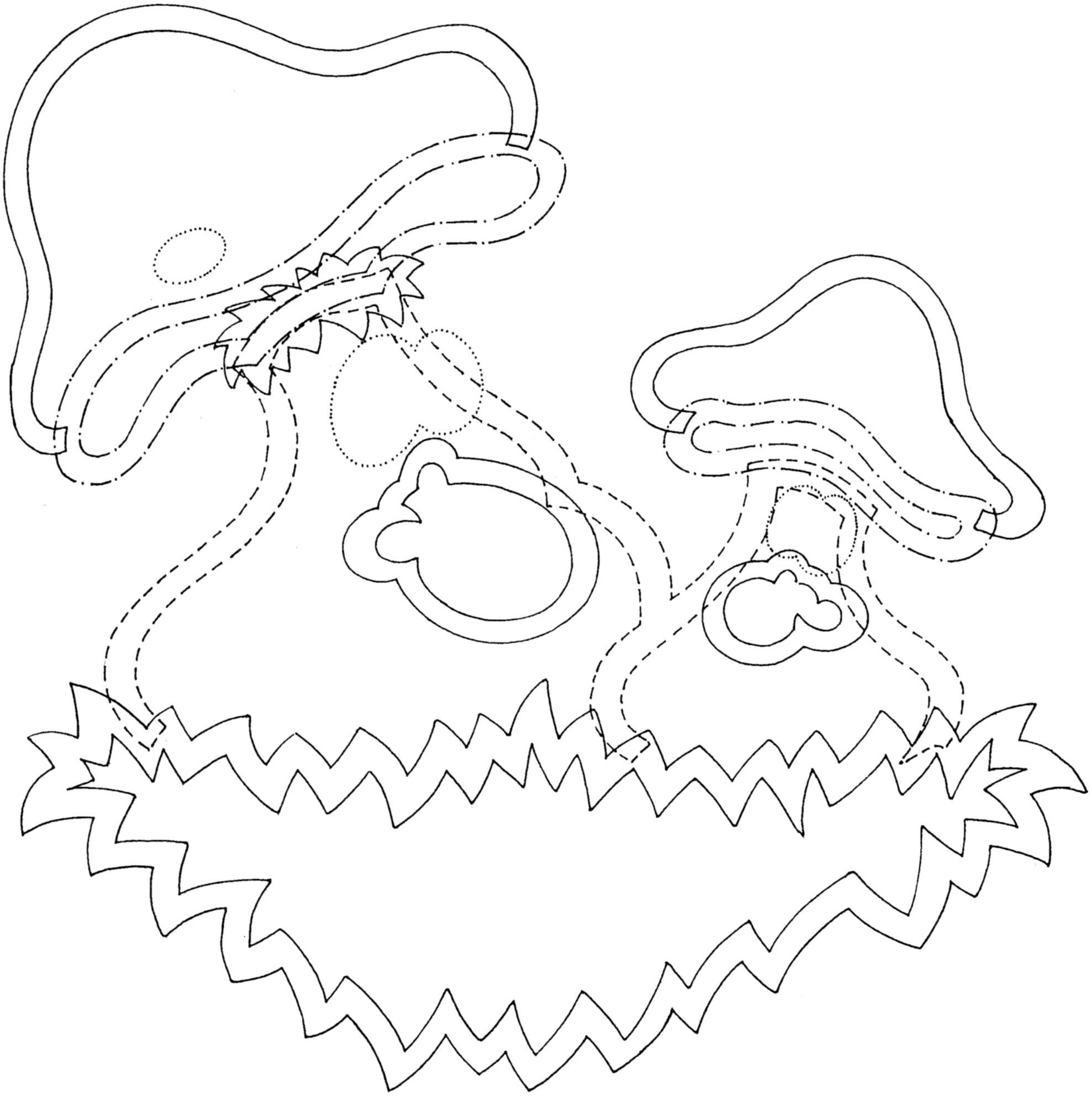

Willi und Heini, die Pilze

Für die Pilze fertigen Sie zunächst alle Teile des Rahmens an.
Kleben Sie nun die Pilzkörper am Gras an, setzen Sie danach den Unterteil des Pilzkopfes und den Pilzkopf selbst an.

Vom großen Willi bringen Sie die Haare an und kleben beide Augenpaare und die Nasen auf.

Von der Rückseite wird jetzt das Transparentpapier aufgeklebt. Zum Schluß befestigen Sie die Punkte am Pilzkopf und übertragen die Bemalung von der Abbildung.

... und noch mehr Pilze

Fertigen Sie für dieses Motiv jedes Teil je einmal an. Die Teile müssen möglichst genau ausgeschnitten werden, es könnte sonst sein, daß sie nicht richtig zusammenpassen.
Beginnen Sie Ihre Klebearbeit am besten mit dem Anfertigen der Blume, das gibt einen stabileren Halt bei der weiteren Ausarbeitung des Motivs.
Kleben Sie anschließend Ihre vorbereitete Blume auf die Wiese.
Setzen Sie nun die Pilzköpfe auf die Pilze und kleben Sie die Pilze vorsichtig an die Wiese an.
Kleben Sie zum Schluß die Augen auf die Pilze und übertragen Sie die Bemalung von der Abbildung.

Tierisches

Theo, der Kellner-Pinguin

Für dieses Motiv fertigen Sie zunächst jedes Rahmenteil je einmal an.
Kleben Sie anschließend das Wasser an die Eisscholle und bringen Sie danach die Beine an.
Verbinden Sie nun den Mantel mit dem Bauch.
Setzen Sie daran den vorderen Arm und das Tuch an.
Der hintere Arm wird jetzt von der Rückseite des Motives her befestigt und das Tablett mit der Flasche und dem Becher entsprechend aufgeklebt.
Anschließend kleben Sie den Schnabel so an, daß er mit der Flasche verbunden ist. Die Augen und die Haare kleben Sie nun auch auf.
Verbinden Sie jetzt den unteren Teil des Motivs mit dem oberen.
Zum Schluß übertragen Sie wieder die Bemalung von der Abbildung.
Der Glitzereffekt auf der Eisscholle und auf dem Wasser wurde wieder mit „D-Stiften“ erreicht.

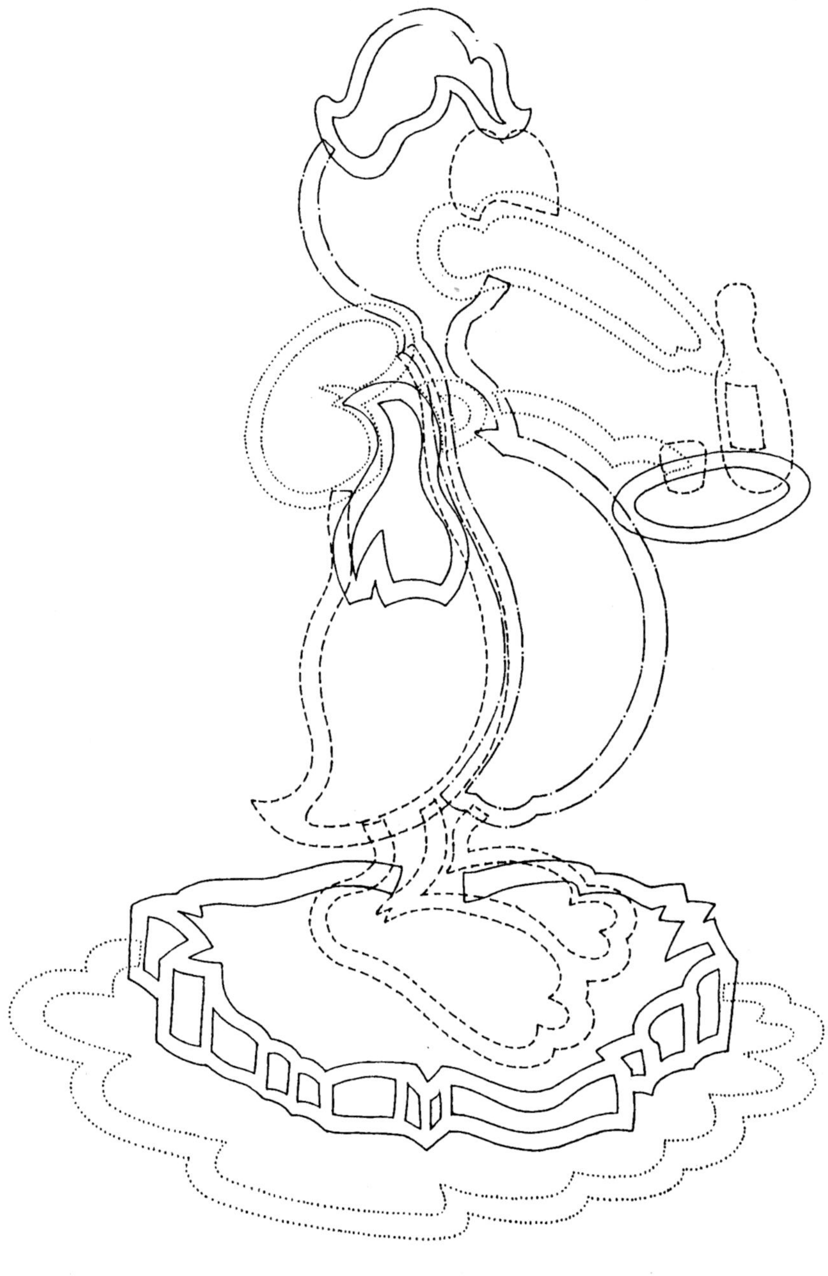

Frosti, der wandernde Pinguin

Für diesen fröhlichen Gesellen kleben Sie zunächst das Bein an den vorderen Schuh, anschließend werden die Teile des Körpers an Bein und Schuh angebracht und mit dem Schal verbunden.
Der hintere Schuh, die hintere Hand, der eisige Boden, der Stock, der Beutel, der Schnabel sowie die Augen werden in dieser angegebenen Reihenfolge angeklebt.
In die Innenseite dieses Motivrahmens kleben Sie das Transparentpapier ein.
Das Aufkleben des rückseitigen Rahmens erfolgt in umgekehrter Reihenfolge, dabei achten Sie bitte darauf, daß der Stock als erstes aufgeklebt wird.

Zum Schluß übertragen Sie die Bemalung.

Gisela, die Ente

Für dieses Motiv schneiden Sie wieder alle Teile je einmal aus.
Verbinden Sie die Teile für den Körper mit der Schürze und kleben Sie die Beine und die Schleife an.
In das Kopftuch werden jetzt die Haare und die Augen geklebt und anschließend mit dem Schnabel verbunden.
Kleben Sie nun den Kopf am Schnabel an und das transparente Papier von der Rückseite her in das Motiv ein.
Zum Schluß wird die Tasche auf die Schürze geklebt und die Bemalung von der Abbildung übertragen.

Bunny, der Hase

Der Hase Bunny erfordert viel Aufmerksamkeit und Genauigkeit.
Zuerst fertigen Sie sich jedes Teil je einmal an. Von den Punkten für die Schleife benötigen Sie etwa 15 Stück.
Ich empfehle Ihnen die Teile überwiegend mit der Nagelschere auszuschneiden.
Um ein Verrutschen beim Übertragen der Schablone auf den Fotokarton zu vermeiden, sollten Sie die Schablone vorsichtig mit kleinen Tesafilmstreifen anheften.
Kleben Sie zunächst das Augenpaar in den Kopf ein. Fertigen Sie sich anschließend die Nase, die Oberlippe und die Zähne als ein Stück an und kleben Sie diesen Teil ebenfalls am Kopf fest.
Legen Sie jetzt die Teile für die Schleife vorsichtig am Kopf an und kleben Sie sie anschließend am Motiv fest.
Nun wird das transparente Papier in das Motiv eingeklebt und das Innere des Ohres von der vorderen Seite des Motivs auf das transparente Papier angebracht.
Vorsichtig wird anschließend das Transparentpapier im Ohrinneren ausgetauscht und die Punkte auf die Schleife geklebt.Zum Schluß übertragen Sie die Bemalung von der Abbildung.

Wuffi

Dieser kleine Schnüffelhund stellt ein sehr einfaches Motiv dar.
Schneiden Sie sich zunächst alle Teile je einmal aus.
Anschließend kleben Sie die Pfoten am Kopf an und danach die Ohren so fest, daß der obere Teil der Ohren auf den Kopf geklebt wird und der untere Teil hinter den Pfoten befestigt wird.
Nun wird der Rücken mit dem Schwanz zwischen die Ohren geklebt und das Motiv mit transparentem Papier ausgefüllt.

Das Anbringen der Augen und der Nase sowie das Übertragen der Bemalung beenden die Bastelarbeit.

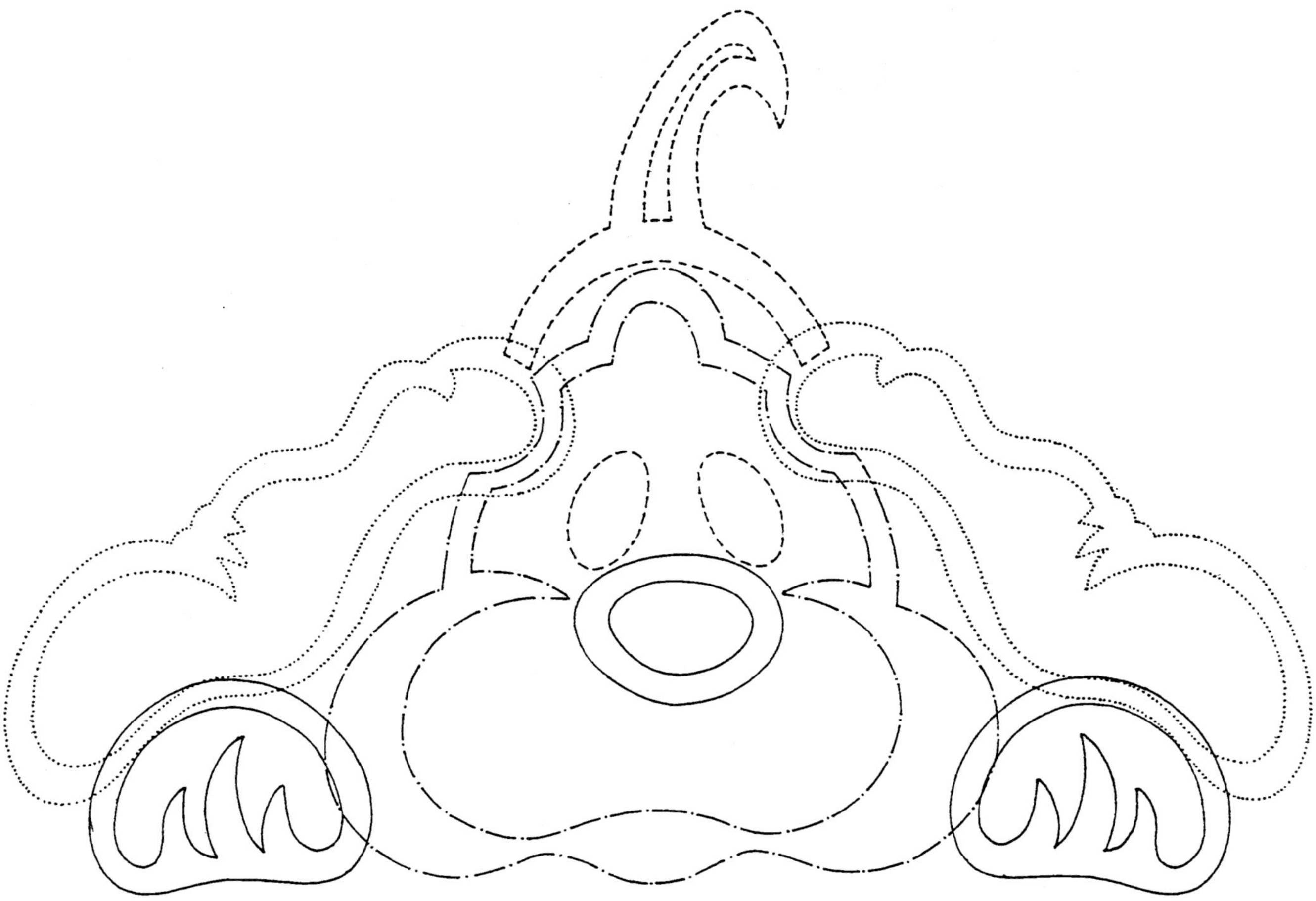

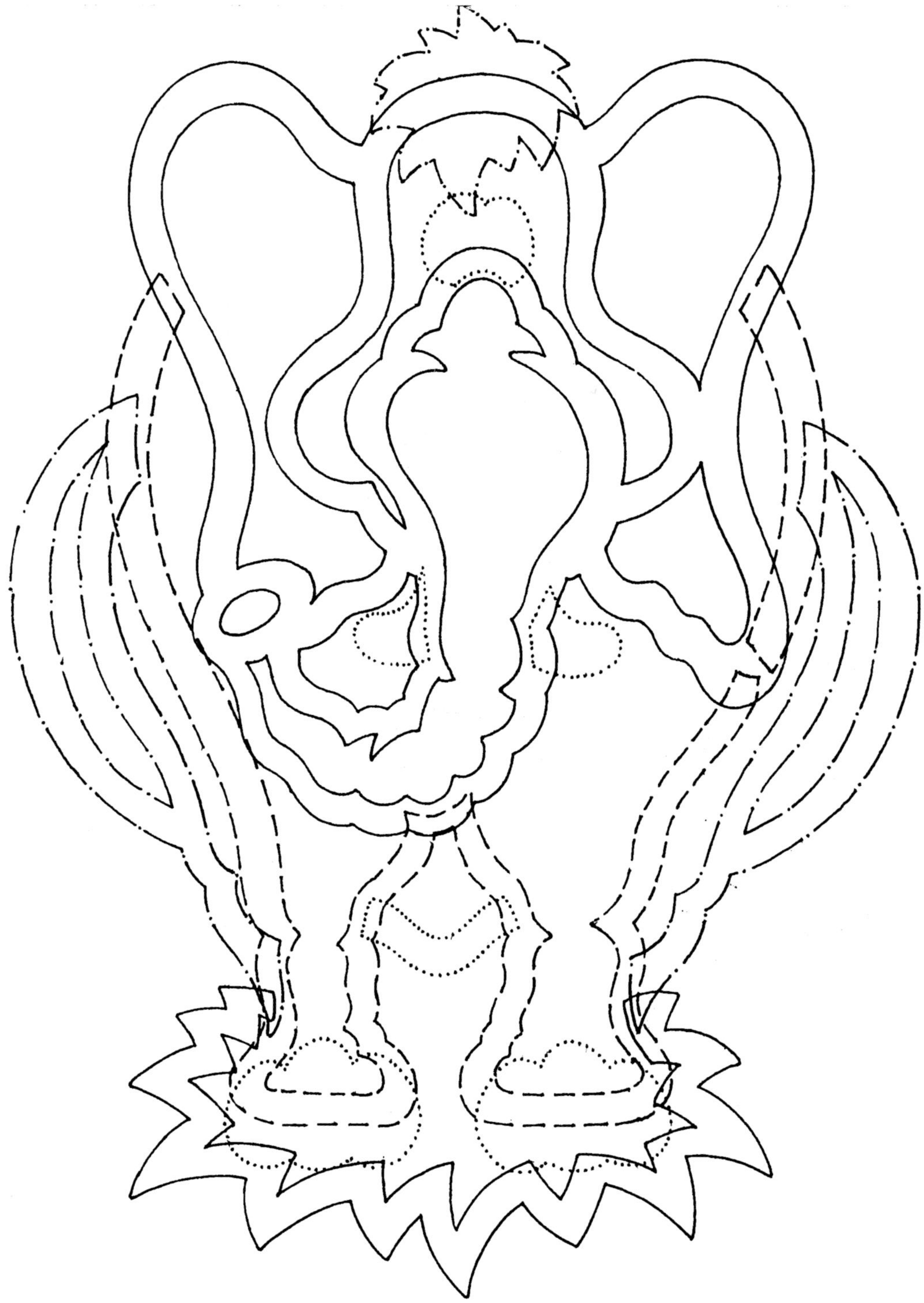

Jumbo, der Elefant

Für unseren Elefanten schneiden Sie zunächst alle Teile je einmal aus.
Nun kleben Sie die Augen von der Rückseite her am Kopf an und bringen von der vorderen Seite die Haare an.
Anschließend befestigen Sie die vorderen Beine, die Teile des Bauches und das Gras.
Zwischen die Beine kleben Sie den unteren Teil des Bauches. Von der hinteren Seite werden jetzt die Stoßzähne eingeklebt und das transparente Papier aufgeklebt.
Zum Schluß übertragen Sie die Bemalung von der Abbildung.

Ferraria, die Rennschildkröte

Für dieses „schnelle" Motiv fertigen Sie jedes Teil je einmal an.
Ich empfehle Ihnen, ein Cuttermesser dazu zu verwenden. Denken Sie dabei an eine dicke Unterlage aus alten Zeitungen, Ihr Schreibtisch wird es Ihnen danken.
Kleben Sie das transparente Papier in die Kröte ein und bringen Sie danach die Augen und die Felgen der Reifen an.
Aus den Felgen schneiden Sie die überflüssige Reifenfarbe anschließend heraus und ersetzen sie durch die transparente Farbe der Felgen.
Zum Schluß übertragen Sie wieder die Bemalung von der Abbildung.

Kunterbunte Welt

Pauline, die Puppe

Pauline ist ganz einfach herzustellen.
Zunächst schneiden Sie die Puppe gemäß der Schablone aus und bekleben sie dann mit transparentem Papier.
Abschließend malen Sie zwei Augen und einen Mund auf.

Huibuu, das Schloßgespenst

Dieses Motiv erfordert viel Aufmerksamkeit und vor allem beim Ausschneiden der Einzelteile großes Geschick.
Die einzelnen Teile müssen ganz genau gemäß der Vorlage ausgeschnitten werden, sonst passen sie nicht zusammen. Also endlich mal eine Aufgabe, die den einzelnen fordert.
Fertigen Sie zuerst alle Teile je einmal an.
Kleben Sie anschließend die Tür von hinten in den Türrahmen. Jetzt setzen Sie vorsichtig das Gespenst in die Tür ein. In den Kopf des Gespenstes kleben Sie danach die Augen ein. Die Klebearbeit beenden Sie mit dem Anbringen des Fußbodens. Kleben Sie nun das transparente Papier in das Motiv und übertragen Sie zum Schluß die Bemalung von der Abbildung.

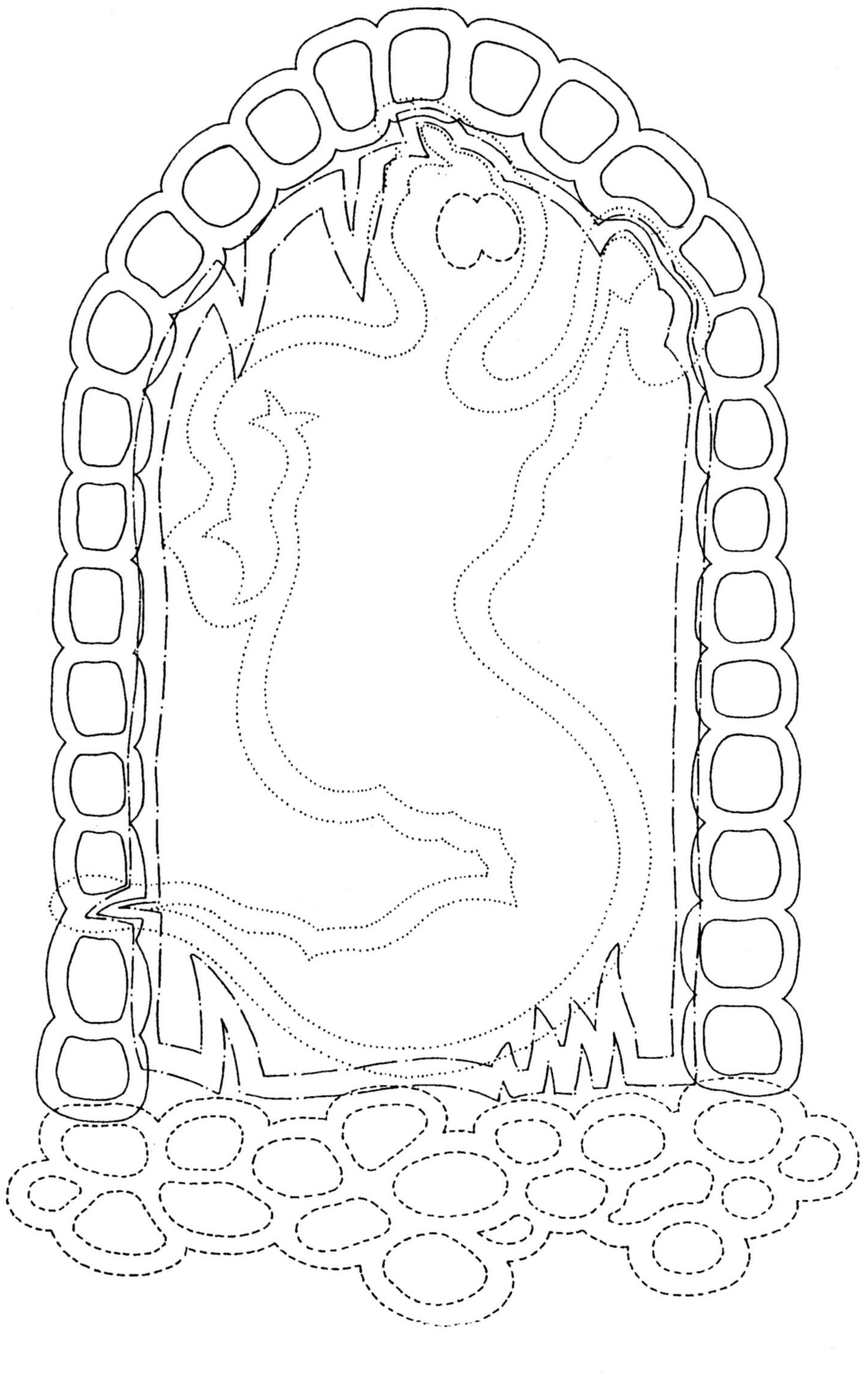

Alibaba, der Lampengeist

Für dieses Motiv fertigen Sie sich zunächst jedes Teil je einmal an.
Kleben Sie danach die Nase an die Augen an und setzen Sie diesen Teil in den Kopf ein.
Darüber wird der Turban so aufgeklebt, daß der hintere Teil hinter die Augen geklebt und der vordere Teil von vorn am Kopf befestigt wird.
Vergleichen Sie zum besseren Verständnis dazu die Abbildung des Motivs.

Kleben Sie nun den Kopf an den Oberkörper.
Anschließend werden der Oberkörper und die Hose des Geistes durch Überkleben des Gürtels miteinander verbunden.
Mit dem Anbringen der Lampe am unteren Ende der Hose beenden Sie das Zusammenfügen der Teile.Abschließend wird nur noch das transparente Papier eingeklebt und die Bemalung von der Abbildung übertragen.

Emma, die Eisenbahn

Für die farbenfrohe „Emma" schneiden Sie zunächst alle Teile des Rahmens aus.
Anschließend beginnen Sie die Klebearbeit mit dem Anbringen der Räder am Kessel.
Von der Innenseite her werden nun das Führerhaus und Teile des Bodens eingeklebt.
Nun bringen Sie das Tender, die Kohlen, die Tür des Waggons und die Räder des Tenders an.
Danach werden der Boden des Waggons und das Gehäuse des Waggons angeklebt.
Jetzt kleben Sie von der Innenseite des Motives das transparente Papier in die einzelnen Teile ein.
Auf die transparenten Papierteile des Waggons und des Führerhäuschens werden die Fenster aufgeklebt. Damit Sie in die Fenster eine andere Farbe einkleben können, werden sie ausgeschnitten. Zuletzt kleben Sie den Schornstein und das Glockengehäuse auf den Kessel auf und füllen beide Teile mit Transparentpapier aus.
Die Bemalung des Motivs entnehmen Sie wiederum der Abbildung.

Der Ball

Ein genauso einfaches Motiv wie die Puppe Pauline ist dieser Ball.Fertigen Sie ihn nach der Schablone an und bekleben Sie ihn mit transparentem Papier – und schon sind Sie fertig.